Rafael Pagán presenta

MOMENTUM

Ferpecto

un crimen teatral

AUTORES

Rafael Pagán
Josué Reinaldo Cardona Hernández
Sonia Ilemar
Carlos Gustavo Mera
Kary Ríos Santana
Keila C. Arismendi
Luis Daniel Colón

Momentum Ferpecto

Primera edición: marzo 2021

© Rafael Pagán, Josué Reinaldo Cardona Hernández, Sonia Ilemar, Carlos Gustavo Mera, Kary Ríos Santana, Keila C. Arismendi y Luis Daniel Colón

Diseño de cubierta por Rafael Pagán

Maquetación de interior y cubierta por Las Marías Estudio Editorial

PoD Amazon
Publicación independiente

ISBN: 979-87-04673-35-4

A todos aquellos que tienen la curiosidad de aprender y dejan plasmar su creatividad en letras llenas de odio, de tristezas, de dramas o carcajadas.

Sinopsis

Un cuerpo aparece en un *call center*. Nadie lo conoce, nadie quiere hablar, y aquellos que saben consideran que el cadáver mereció la muerte.

El agente Villas nos presenta las declaraciones de los posibles testigos o sospechosos del crimen. Para nuestro agente, los crímenes dependen de muchas variables. Sin embargo, en este caso, todos tienen motivos para ser culpables.

Una pieza que combina el formato policíaco de una forma muy cotidiana y asertiva, para el montaje de cualquier grupo teatral profesional o aficionado que quiera descubrir un crimen o explorar con la audiencia, utilizando el formato de monólogos.

¿Será un crimen o una representación de un crimen? Lo que sí sabemos es que es un crimen teatral.

Se presentan los siguientes monólogos:

Maldito *freelance*
de JOSUÉ REINALDO CARDONA HERNÁNDEZ

La Fontana di Trevi
de SONIA ILEMAR

Sangre incrustada
de CARLOS GUSTAVO MERA

El reloj se quedó sin arena
de KARY RÍOS SANTANA

Vida, muerte y mantra
de KEILA C. ARISMENDI

Cafecito para el "ARMA"
de LUIS DANIEL COLÓN

Prólogo

"¡Dejad al huracán mover mi corazón!"
Cantos de vida y esperanza, Rubén Darío

El año 2017 fue uno de fuertes vientos y cambios. En septiembre, a nuestra isla Puerto Rico, la azotó el huracán María. Ante esa turbulencia, por mi mente pasó otro huracán. Decepcionado y desesperado, quería salir del país. Sin embargo, una compañera actriz y mentora, Janibeth Santiago, me ofrece la oportunidad de llevar un taller de dramaturgia. Sin pensarlo le dije que sí.

En diciembre de 2017 se formó el taller "Micro Cosmo de Ideas". El taller contó con un mes de preparación y actuación de monólogos. Lo interesante de este taller fue que los autores desarrollaron y actuaron sus propuestas bajo la creación de la obra teatral colectiva: Momentum Ferpecto.

La pieza se llevó a cabo el 21 de diciembre de 2017, en el café teatro Abracadabra de Santurce, bajo la producción de la Liga de Improvisación Teatral (LIPIT), la asistencia de Gabriel Colón y la dirección de Rafael Pagán.

Crear siempre ha sido mi norte. Sin embargo, la educación teatral, en especial el arte de la dramaturgia, consolida una comunidad de aprendizaje, dispuesta a entregar todas sus ideas sin miedos ni inhibiciones en un mundo que necesita expresarse.

Momentum Ferpecto es una creación colectiva, es teatro y, sobre todo, horas de aprendizaje en el mundo fascinante del monólogo.

Rafael Pagán
M.A. ARTS
Dramaturgo
Director/Momentum Ferpecto

Momentum Ferpecto

La obra comienza en la sala de espera de un *call center*. En ella solo vemos al sargento/agente Villas. Villas toma fotos de la escena del crimen.

Escena 1

Agente Villas, con grabadora en mano, comienza la rutina.

Villas - Siempre he tenido una duda, ¿las nubes, se mueven? Cuando pequeño, pasaba mucho tiempo mirando al cielo. Miraba hacia al o el cielo buscando una respuesta. Pensaba que allá arriba estaría abuela, mi tío Pedro y mi perro Tyson o mi pez beta Lázaro. Luego me confesaron que Lázaro fue lanzado por el inodoro. También, por el inodoro se van muchas respuestas, algunas más fuertes que otras, pero se van. Las nubes son especiales porque si uno las mira por mucho tiempo, cambian y se transforman en lo que imaginamos.

(Transición. Villas apaga la grabadora.)

- El 18 de diciembre, a las siete de la mañana, ocurrió lo que tenía que ocurrir. La víctima es un hombre de algunos 5 pies y 10 pulgadas. Encontramos el cuerpo tirado con un moretón en la frente. Estudiamos lo ocurrido, se localizaron las posibles evidencias y se tomaron varias fotografías de la escena del crimen. En el informe, detallamos que es un hombre, al parecer un ejecutivo, un profesional, de algunos treinta años. En la escena, un maletín. En la lista, muchos sospechosos. Testigos, pocos. La escena ocurrió aquí en un *call center*. La primera investigación de rutina, nada más y nada menos que al administrador del *call center*. Un hombre muy peculiar. Salió de la oficina, cerró la puerta de una forma tan angelical y entró a su despacho.

Escena 2

Maldito *freelance*

Gonzalo - Joder, como si necesitara la presencia investigativa en estos lares. Dos años desempeñando la encomienda, sin indagaciones. Una muerte y los teléfonos no paran de sonar para saber lo sucedido. A buena hora, carajo.

(Destapa una bebida alcohólica y comenzará hablar a su abogado, al cual no vemos en el escenario, pero se encuentra.)

¡Mi defensor!

Como sabes, hace mucho tiempo no requería tus servicios; las aguas se mantenían en sus niveles, sin disturbios. Por esto entenderás, ninguna pequeñez es la que me trae hasta aquí hoy.

Sobre **Ray** te diré que era reservado, de pocas expresiones, dirigido a la introvertida ejecución. No le conocí pareja, ni familia cercana. Así que por esa parte no quedan pendientes.

La verdad es que los casos por encargo, nadie nos los ha manejado mejor. Tanto potencial que tuvo para convertirse en un empleado estrella de la compañía, pero sus errores de juventud lo aguantaron; seguían siendo el motor de sus decisiones. Prefirió limpiar escenas a construirlas. Nunca logró entender lo valioso de cada instante, cada momento único e irrepetible en el existir humano.

Recuerdo la primera ocasión en que le asigné una tarea especial: resolvió cada detalle en cada uno de los expedientes de personal. Salimos airosos de la auditoría. Tanta habilidad para resolver problemas y no pudo vencer el que a la muerte lo ha llevado. *Game over.*

(Suena el teléfono.) Dame un segundo. **(Le dice al abogado.) (Gonzalo conversará por el móvil.)** ¡Buenas tardes, honorables! **(Pausa.)** ¡Entiendo, entiendo! Como discutido. Solo teléfonos y computadoras. Él, contratista independiente; esa era su posición. Ninguna relación directa con nuestro servicio. **(Transición.)** Un lamentable incidente. La ola criminal azota por todos lados. Pudo pasar en cualquier lugar. **(Pausa.)** Continuaremos conectando presentes. Pueden estar tranquilos, todo trabajado. Los mantendré al tanto.

(Termina la conversación y retoma tiempo con el abogado.)

El Monte Olimpo está activo, como dijo el gran sabio Maquiavelo: "Yo no digo nunca lo que creo, ni creo nunca lo que digo, y si se me escapa alguna verdad de vez en cuando, la escondo entre tantas mentiras, que es difícil reconocerla". Me entiendes, ¿verdad? Como también dijo: "hoy más que nunca afirmo que es central saber disfrazar bien las cosas y ser maestro en el fingimiento".

Vamos al punto. Te reitero que esto no es un caso más, podría ser nuestro último. Tienes que ser tú quien lo maneje.

Una de las principales tareas de **Ray** fue investigar hasta el más mínimo detalle de cada candidato que ha solicitado empleo en esta compañía por el pasado año y medio, incluso, inmiscuirse entre ellos los días de entrevista. Los problemas arrancaron cuando comenzó a investigar a los que no se le había solicitado que lo hiciera, hasta a los aquí presentes.

Antes que a su vida, perdió mi confianza. El lunes pasado comenzó a chantajearme, a mí que le financié hasta sus excesos. Ese día se presentó con su maletín y, sin mediar palabras, sacó unas fotos comprometedoras e informes sobre nuestros servicios confidenciales, detalles de la inteligencia levantada, incluyendo nuestro exclusivo listado de contactos extranjeros, nuestros mejores infiltrados. En ese momento supe que sus respiros estaban sentenciados a desaparecer.

Exigió un millón de dólares y un avión sin piloto. Como si en verdad creyese que podría escapar de nuestro radar. Acepté con sosiego. Le hice creer que finalizaríamos la transacción, precisamente el día de su muerte. De la que le tocó, no se salvaba.

Lo curioso es que se notaba desesperado, como si buscase resolver un problema mayor a los que inevitablemente se derivarían del acto suicida que fue tan osado de cometer. Es como si una presión externa controlara su psicología, superara sus notables destrezas racionales. Eso, como nota aparte, la verdad es que a mí tampoco me importa un carajo lo que fuese su mundo interior. La información que obtuvo, si se esparciese, lo cambiaría todo según lo conocimos hasta hoy.

Y así llegamos al maldito maletín. Maldito sea el maletín. Maldito sea el *freelance*. Tenemos que encontrar el maletín porque el de la escena del crimen no es. Es un baúl repleto de un botín peligroso, muy peligroso. Hay un bien superior que proteger, ese que en su día nos eximirá de todo. Cuenta con que, para ello, pagaremos el precio justo.

(Se para de su silla y se dirige a la puerta.) En fin, el puto maletín tiene dinero y cheques en blanco con mi firma.

Ese pendejo me está trayendo más problemas muerto que vivo. Los que se me adelantaron lo trataron bien. Había imaginado una muerte mucho peor para ese cabrón. A quien han jodido es a mí. Tantos lugares para deshacerse de él y tenían que provocar ese cagadero en mi área, con ese pedazo de mierda. Canallas. Algo me dice que he tenido de frente a los responsables.

(Sale de la oficina, saca la caneca y se da un buche antes de decir.)

A mí que no me juzguen. Todos alguna vez han pensado que su fin, lo que entienden como un noble fin, justifica los medios.

Escena 3

(Villas continúa el proceso.)

Como agente, comencé a levantar las evidencias de la escena que estaba identificada con los números, para luego embalarlas en sobres o bolsas de estraza, escribiéndole el día, hora, número de querella y número de evidencia. Una vez culminada esta fase, se recogieron los números y se comenzó a trabajar con el cuerpo, en el que se tomaron anotaciones de los hallazgos vistos en el cadáver.

También me pregunto, ¿alguien lo vio ese día? ¿Cómo se encontraba cuando lo vieron?

Escena 4

La Fontana di Trevi

En la escena se encuentra Villas junto a Ana Sofía, empleada del *call center*. La mujer atiende una llamada por su *headset*.

En el piso quinto. Allí van todos los informes. Dije el quinto. **(Hacia el agente.)** Permítame un momento. **(Retoma la llamada.)** Para los cheques que esperen por mi firma.

(Muy nerviosa.) De eso no me hables, **(Molesta.)** *viaggio cancellato, maledetto uomo.* **(Da órdenes.)** Nada de reservaciones. De inmediato, llama a la línea aérea, y que nadie lo sepa.

¿Ya ve mis tareas como secretaria ejecutiva de Recursos Humanos? A mí me envían los currículum, los leo y decido a quién cito para la entrevista. ¿Se imagina semejante tarea? Pero yo hago eso y más porque aquí se creen que debo saberlo todo.

"Ana Sofía, pasa por la oficina del director". "Ana Sofía, en el piso dos tenemos a un empleado en crisis, en el piso tres hay una avería en las líneas". En fin, yo soy la única que conoce el funcionamiento de todo el *call center*. Lo mejor es cuando solo me dicen: "eres tan buena, tan inteligente, organizada y tranquila"... ¿Y qué si me cansa ser esa persona? **(Muestra un lado oscuro.)** *Hay cosas que me cansan y debo exterminarlas.*

(Cambiando el tema.) Escuche esto, yo estaba leyendo este currículum, por ejemplo: "habilidades para cocinar y bañar perros"; esto es un *call center*. Sus habilidades deben ser sobre computadoras, programas de entrada, tener buena dicción y que sean amables. "A otro perro con ese hueso". Por supuesto que a ese no lo llamaré para el adiestramiento.

El examen es como una segunda entrevista para conocer al candidato, por eso pude conocer a la víctima, digo, al caballero, y reconocí que es uno de nuestros *freelance*. Recuerde que "unos nacen con estrellas y otros nacen estrellados", y soy de las estrelladas que le toca trabajar y trabajar.

(Burlándose de ella misma.) Esa es la suerte de Ana: de Ana la trabajadora, Ana la más amable, Ana la solterona... Tirar una moneda hacia atrás es lo único que puede cambiar mi suerte, así como hacen todos los turistas en la Fuente de Trevi en Italia. ¿Sabe que es la fuente de Nicola Salvi, de las fuentes más importantes del arte Barroco en Roma? ¿Qué va a saber usted? Si lo único que quiere saber es cómo murió la víctima.

Ni me pregunte sobre lo que le pasó al caballero. Alguien lo envío a mi oficina porque todos los empleados *freelance* también pasan por Recursos Humanos. Yo estaba en una llamada telefónica y él entró de repente. Yo me incomodé porque estaba en una llamada personal. Además, entró sin tocar, mas yo acababa de recibir una mala noticia. Luego, se presentó y lo envié al piso dos y le dije que si se perdía, le preguntara al de mantenimiento. Yo no sé nada más. **(Se levanta para distraer al agente Villas.)** Ahora mismo tengo trabajo atrasado; me falta archivar, todo está sucio y desorganizado en esta oficina, ¿qué pena, no? ¿Me permite?, tiene algo en su uniforme. **(Le sacude el uniforme.)**

(Se altera y tira los papeles.) Le diré, en este mundo todos andan perdidos. ¡Qué me importa a mí este caballero! ¿Quién es y qué le pasó? A mí lo que me importa es que Fernando, mi futuro esposo, me acaba de dejar. Pero no solo eso, lo hizo por teléfono, sí, en ese justo momento en que **Ray** entró sin avisar. ¡Qué irónico! Yo que cancelo candidatos vía telefónica, ahora a mí me acaban de cancelar por completa. Mire, una noticia como la ruptura de una pareja hace que una mujer mate a cualquier hombre.

"Yo quise ser como los hombres quisieron que yo fuese". Arreglada todo el tiempo, como a él le gusta: mi pelo bien bonito, mis uñas pintadas, bien arreglada, y ni hablar de las dietas. Es que tengo planes con Fernando, por eso trabajo y trabajo. Aunque me digan *workaholic,* no me importa. Mi vida es con Fernando. Teníamos organizado un viaje para ir a Roma, y mi sueño es visitar la Fontana di Trevi. Ya tenemos los pasajes y todo está pago. La Fontana di Trevi. **(Transición.)** Dicen que si uno tira tres monedas tendrá un matrimonio seguro, pero yo no podré tirar nada... **(Mirando al agente.)** Hay momentos en que tenemos que tirar evidencias a la basura por orden de otro... **(Pausa.)** Lo digo metafóricamente.

Discúlpeme, no fue mi intención incomodarlo con mi vida privada; eso no es usual en mí. En fin, yo no soy la única empleada ni la única perdida en este *call center.* ¿Porqué no les pregunta a todos los perdidos? Eso es lo único que le puedo decir sobre esta investigación.

(Cambia la actitud.) Espero que encuentre al culpable, no podemos permitir un crimen así. Por último, dicen que por ese cuerpo corría mucha sangre, así como corren las aguas en la Fontana di Trevi, la maldita Fontana di Trevi que nunca veré. Cómo odio a los hombres... Si necesita más información, me puede buscar en la silla rosa de Recursos Humanos, llorando o trabajando; no creo que mi suerte cambie.

Escena 5

Villas - Hay relaciones que terminan acabando con el amor. Hay otros que solo aman su trabajo.

Escena 6

Sangre incrustada

(**Conserje entra en escena con mapo en mano; limpia por un momento. Es un hombre muy extraño. Se queda pensativo.**)

Conserje - Pase, detective, disculpe el olor, estoy usando peróxido de hidrógeno y cloro... Mi supervisor me indicó que usted vendría. Me llamo Alfonsino Reymundí, soy conserje de esta compañía hace mucho tiempo. Me imagino que viene por lo del... (**Mira hacia un lado del escenario.**) suceso imprevisto.

Claro... yo llego como a las 7:00 de la mañana, me cambio, tomo un café de la máquina. Ya a las 7:30 de la mañana, poncho y empiezo mi ruta de limpieza. Siempre comienzo por el vestíbulo. Es lo primero que la gente ve al entrar, y lo último al salir. Si se queda sucio por mucho tiempo, la gente pensará que todo el edificio está igual. Ya usted sabe, "la primera impresión es la que cuenta". Una impresión con polvo me perjudicaría. Luego, paso a limpiar los escritorios de las oficinas en el segundo piso, botar la basura, ah, y eso sí, siempre mapeo hacia la puerta. Si lo hago hacia una esquina, me quedaré encerrado y cuando me quedo encerrado, soy violento. Además, caminar por encima del piso limpio me da tristeza.

Continúo con los baños. Cada uno de ellos tiene su propio clóset de productos de limpieza, así no hay problemas con que estos productos se pierdan o terminen en diferentes sitios. Por último, llego al área de las computadoras, al corazón de este *call center*. Empiezo por las áreas comunes. Después, me dirijo a los cubículos vacíos, y debo esperar a que los empleados se tomen el *break* para terminar mi trabajo.

¿Qué? Sí, a mí me encanta este trabajo. Aquí no pasa nada del otro mundo; todos los días son iguales. Es un trabajo tranquilo. ¡Ja! ¡Y sé lo que me va a decir! ¿Por qué no acepté ningún ascenso? Porque no quiero *stress*, estoy tranquilo donde estoy. ¡Yo limpio y ellos me pagan, *OK!* Soy un militar retirado. Lo único que conozco es obedecer órdenes y matar a todo aquel que es enemigo de mi compañía. Todo aquel que pone en peligro nuestro ambiente, hay que matarlo. Hay que seguir órdenes de los superiores. **(Un poco exaltado, se toma un tiempo, se calma.)** Perdone, es que todo esto me tiene muy nervioso, hasta me siento culpable. Yo fui el que le dije a ese muchacho que subiera al piso dos, oficina 08. No es parte de mi trabajo, pero a veces el administrador me pide que le lleve recados a los empleados o que sea más comunicativo con ellos. Qué sabía yo que lo estaba enviando a su última morada. **(Triste, lleva su mano al corazón en señal de luto.)**

Unjú... Era trabajador. Primero en llegar, último en irse. Trabajaba esporádicamente en la compañía. Las veces que lo vi, siempre estaba de prisa. No sé cómo podía con el trote. **(Aparte.)** Realmente, sí sé cómo podía. **(Le confiesa.)** Un día entré, como de costumbre, a limpiar el baño y lo vi aspirando un polvito blanco. Rápidamente, salí de allí; esas cosas no me gustan. **(Continúa la conversación.)** Debía hacer ejercicio, estaba siempre con mucha energía, casi explosivo. **(Mapea un poco, pensativo.)** El día del imprevisto, todo corría como de costumbre, subí al piso dos, oficina 08. Abrí la puerta y me encontré con el muchacho tirado. Lo observé y no pareció que tuviese indicios de violencia. No le había dicho, pero trabajé un tiempo limpiando salas de autopsias en un centro de investigación forense. Se aprende mucho escuchando a los médicos. Como le decía, vi al muchacho en el suelo; parecía desmayado. Fui corriendo a donde el jefe a informarle lo que había pasado. Me ordenó traerle el maletín y que limpiara el lugar. Lo miré extrañado: me amenazó con despedirme si no hacía lo que le pedía. Yo no quería perder mi trabajo así que lo hice. Usé peróxido de hidrógeno y cloro; se usa mucho en los hospitales. Deja todo limpio, sin rastros, y evita los olores fuertes. Es que el olor de la muerte es fuerte; se impregna en todos lados, se te mete hasta en el paladar. Y yo no quería que mi trabajo apestara a muerto.

(El detective lo observa con intriga.)

(Asombrado.) ¿Sospechoso yo? Si lo que yo hice fue mi trabajo. Usted parece que no sabe lo peligroso para la salud que es tener un muerto, y más si está en un lugar de trabajo. No se equivoque, detective. Todo el mundo es inocente hasta que se pruebe lo contrario. ¿Encontraron huellas de un zapato? Pues, muchas felicidades. Eso no prueba nada. Puede que sea el mismo que uso yo, pero si no ha revisado el contrato de la empresa, TODOS los empleados de mantenimiento deben usar el mismo tipo de calzado. Y a mí tanta pregunta no me gusta. Yo no he visto que le estén preguntando a todos. **(Mira al público de lado a lado.)** Si tiene evidencia en contra mía, tírela pa' lante, arrésteme o no diga nada. Yo no tengo miedo. **(Exaltado, se calma, piensa lo que**

va a decir.) ¿Alguna otra pregunta, detective? No tengo la más mínima idea si tenía enemigos en la compañía.

Mire, yo comencé a trabajar aquí en septiembre del 2000, y aquí todo el mundo se respeta. Se hacen fiestas de Navidad a la que todos asisten. Hasta uno que otro se ha empatado. La última fiesta de Navidad fue la mejor, la música estuvo a cargo de él. Ese hombre tenía todo lo que se necesita en su computadora...

¿El maletín? ¿De qué maletín usted habla? Ahhhh. **(Atrapado.)** No lo tomé. Cuando regresé de buscar los productos de limpieza ya no estaba. El administrador se puso muy nervioso cuando vio que la policía llegó. Yo usted le pregunto. **(Mapea un rato.)** Detective, me disculpa, pero debo seguir trabajando. Usted sabe dónde encontrarme. **(Hace mutis para irse; se detiene.)** Mire, yo usted pido una prueba toxicológica del muerto. **(Aspira de golpe, sale.)** No todas las manchas se ven a simple vista.

(El agente se retira.)

Los paños sucios se limpian en la casa. En este *call center* se lavan muchas cosas. Aquella mancha que ensucie nuestra reputación hay que eliminarla. Así como la sangre incrustada con peróxido de hidrógeno y cloro.

Escena 7

Villas - Toda escena del crimen tiene un historial previo. Los momentos antes se rodean de testigos. Muchos de estos testigos quedan grabados y se convierten en relatos interesantes.

Escena 8

El reloj se quedó sin arena

(Benny llega a la sala de espera con un bulto/mochila y mira a la otra solicitante. Observa la vestimenta de ella y luego la de él. También, posee un maletín.)

¿Aquí es la entrevista? ¿Te molesta si me cambio la ropa rápido? Gracias. (La camisa tiene una mancha parecida a sangre.)

La impresión es importante, la impresión es lo que cuenta. Eso es la primera regla de atracción.

(Se va cambiando el polo a una camisa más formal.)

Uno tiene que estar preparado para cualquier situación. Nada está escrito en piedra así que los planes pueden cambiar en un segundo. ¿Yo? Yo fluyo. Como río. Como mar. Como lago artificial. Abro los ojos por la mañana y respiro profundo los rayos del sol. Fluyo dependiendo de cómo me sienta ese día o lo que haya hecho la noche antes.

(Le enseña el cambio de ropa a la compañera de entrevista.)

¿Mejor?

No pensé que tuviera que ponerme esta camisa de nuevo el mismo día. Pero uno no sabe las oportunidades que se puedan presentar. Como dice mi abuela: "Las oportunidades siempre andan corriendo y solo tiene un pelo para que las agarres". Así que lo que tengo que hacer es meterme en medio de un maratón de oportunidades. Eventualmente, algo terminaré agarrando.

(Benny ve una mancha sospechosa en la manga de la camisa. Hace el intento de limpiarla con *hand sanitizer,* que saca del bulto/mochila.)

Fastidio... je... un... accidente que tuve... horita. Qué mala impresión daría si ven esto. De por sí ya tengo un sabor amargo. Este iba a ser mi oportunidad. Mi primer trabajo. No me mire extraño. Es normal, alguien de 25 años sin experiencia de empleo. La vida es quien me da las experiencias que necesito. Pero mami dice que la vida no va a seguir manteniéndome.

Siempre sigo el consejo de un *youtuber*. Un motivador chileno que dice: "No importa ser trabajador, tener experiencia, ser puntual, ser bueno, ni siquiera importa saber lo que se supone que estés haciendo en el trabajo. Lo que importa es que la única manera de ser alguien en la vida es una lista de contactos. Esa es la clave del éxito". Por eso no estudié nada. Oprah, Steve Jobs, Bill Gates, Lady Gaga, el viejo de Play Boy, el dueño de la franquicia de los chinos; ninguno se graduó de la universidad y tienen piscinas de champán. Estudiar no es una opción, para mí no lo es.

Sé lo que está pensando: que estoy loco. Pero la locura más grande es morir pobre o morir siendo un don nadie.

Por eso yo voy a los restaurantes caros y busco conversación con quien sea. Uno nunca sabe con quién está hablando. Me he topado con gente interesante... Por cierto, gracias a un contacto estoy aquí. Me dijeron que en esta empresa cualquier persona sale con un maletín lleno de dinero. Así que haré todo lo posible por conseguir ese maletín. Mis contactos me llaman y yo cumplo. Es como un juego de maquillar las evidencias. No me haga caso.

(Verifica su manga y observa que no se va la mancha. Se la comienza a doblar.)

Cada experiencia me enseña a defenderme y, últimamente, a no tomar un "no" como respuesta, aunque eso te pueda meter en problemas. Mi plan de existencia es quitar los negativos de la vida y aumentar mis posibilidades. Hay muchas personas que tampoco aceptan un "no". Soy de esos.

(Se peina de dos formas.)

¿Qué peinado me queda mejor? Un peinado puede cambiar cualquier apariencia. Hasta la de un muerto. ¿Ha visto los muertos en la funeraria? Algunos son irreconocibles, pero siempre están bien peinaditos. Mi papá, todas las noches, se peina el pelo. Dice que no quiere que la muerte lo sorprenda feo. La muerte sorprende a cualquiera.

Soy observador. A lo mejor no tengo experiencia de empleo, pero experiencia en entrevistas tengo de sobra. Pude determinar que hoy sería o será **(escoger una)** una entrevista en grupo. Observé cada uno de los solicitantes. Ahí me di cuenta de él. Tenía algo extraño. Me incomodaba. No sé si lo identifiqué por los 7 libros de *Comportamiento Corporal del Lenguaje del Movimiento Kinestésico* que leí, pero era extraño. De igual manera, lo percibí algo asustado. ¿Qué tenemos que ver con ese muerto? Realmente no lo conocemos.

Gracias a su muerte nos cancelaron la entrevista. Esto canceló mi primer trabajo. Hay personas que hasta podrían matar por sus metas. Y yo soy una de esas personas.

La muerte es una de las etapas más poéticas que uno tiene en la vida. Es la motivación de las historias más famosas del mundo. Luchamos toda la vida para tener un final honroso. La trascendencia a otro plano. "No somos alma con cuerpo. Somos cuerpo con alma". Es el preciso momento en el que nos convertimos en alma pura. Lo entiendo y lo respeto. He leído mucho acerca de ese tema sobre los puntos de vistas espirituales y filosóficos. Pero no es lo mismo leer sobre la muerte. Lo lindo es ver la muerte en persona. No sabemos el día ni la hora.

(Se pone algo nervioso y busca su reloj en los bolsillos, a su alrededor y en su bulto.)

Mierda, mi reloj.

¿Usted no ha visto un reloj? Maldito *freelance*...
Digo, esperar nos ha quitado el tiempo... Me
tengo que ir. No, mejor me quedo a esperar.

(Se retira.)

Escena 9

Vida, muerte y mantra

Me levanto a las 6 de la mañana, me miro al espejo y me digo a mí misma: "Fuerza". Así inicio mis días: con mucha energía y entusiasmo. Mentalmente preparada para realizar cualquier tarea propuesta y resistir las adversidades que se me presentan. Como gran resiliente que soy, siempre me enfoco hacia el futuro y asumo, con la elegancia que me caracteriza, los desafíos que la vida me propone. Como decía Fina, mi tía favorita: "para atrás ni para tomar impulso". Esta ocasión no será la excepción. No comprendo porqué nos hacen esperar. Si total, a la hora de la verdad, "el muerto al hoyo y el vivo al retoyo". "Insensibilidad" me parece una palabra muy dura, prefiero que me digan que soy práctica. El muerto no se va a levantar, ni tampoco necesita un empleo. Y de muertos yo sí sé, por experiencia. Por tres años fui la voz de Rumbos Celestiales, la funeraria más exitosa de la costa oeste del país. Contactaba a las personas por teléfono para ofrecerles las ofertas de servicios fúnebres, tanto individuales como grupales.

Cremación o entierro de 2 x 1. Esa promoción fue un éxito y las ventas subieron. Si usted tiene un muertito en su familia, de seguro me tiene que haber escuchado: "De la tierra al cielo, escoja el rumbo correcto". ¡Pues esa era yo! La gente lloraba, reía, y algunos mostraron resistencia, como si la muerte fuera algo ajena a ellos y no les fuera a llegar. Pero si hay algo que a todos nos toca, es la muerte. Fíjese ahora, ese pobre hombre salió de su casa hoy y no sabía que la muerte lo esperaba. La vida no espera y la muerte tampoco. Abuela Mirtha decía: "si no te mueves, te estancas". Para conseguir lo que quieres en la vida, uno no se puede permitir quedarse inerte. En ocasiones, tienes que arrebatar lo que te corresponde; un empujón a alguien nunca viene mal.

Me levanto a las 6 de la mañana, me miro al espejo y me digo a mí misma: "Grandeza". Mi padre siempre me decía que yo había llegado al mundo para triunfar. Soy una líder innata. Recuerdo la vez que defendí a mi amiga Blanca Iris de los niños que se burlaban por su nombre; le decían Blanca Nieves. Con apenas 5 años, en el jardín escolar, tomé valor y los puse en su sitio. Ese evento marcó mi vida. Por eso no dudé en tomar el trabajo en Manzana Dulce, una compañía con gran sensibilidad, dedicada a suplir las necesidades del género femenino. Mi rol era fundamental a la hora de hacer una venta. Yo era la voz que escuchaban, y se sentían en confianza. **(Transición, mira al compañero de la sala a los ojos.)** Para saciar su curiosidad, sí, se vendían artefactos dedicados a la salud sexual y goce de mujeres que quizá nunca habían experimentado una relación sexual saludable. También contribuía a minimizar los factores de riesgo de ETS y otras condiciones de salud. Me fue tan bien que comenzamos a tener una amplia clientela masculina. Aumentaron mi sueldo y me ascendieron, pero tenía que utilizar sonidos en las llamadas. **(Hace sonidos eróticos.)** Yo estaba destinada a brillar, como decía papá. No podía solo limitarme a hacer sonidos; mis palabras y mi conocimiento, ¿en dónde quedarían? Quería hacer la diferencia así que busqué otras oportunidades.

Me levanto a las 6 de la mañana, me miro al espejo y me digo a mí misma: "Confianza". Cree, crea, crece. El lema de la compañía de mayor crecimiento en el mercadeo de la felicidad. No sólo trabajé en ella, sino que fui la empleada del año por tres años consecutivos. A las personas les gusta ser escuchadas, mimadas, reconocidas y respondidas; yo era excelente haciendo sentir bien a los demás. ¡Tanta gente falta de afecto! ¿Quién no quiere sentirse bien? "Cree en ti", "Sueña en grande", "Que siempre tengas motivos para celebrar y sonreír", bla, bla, bla. El bienestar personal es la mejor inversión que se puede hacer. Donde no me gusta invertir es en perder el tiempo. ¿Por qué tardarán tanto en llamarnos? En lo que llaman, voy a tomar un café. ¿Quiere uno? Pues, yo sí me lo tomo. Acabo de recordar algo. Haberle visto sus medias. Siempre he sido muy observadora, y llamó mi atención que llevaba medias de un color azul con puntitos blancos. ¿A quién se le ocurre ponerse unas medias así para el trabajo? Esas medias estaban para morir...

Aún tengo contactos en Rumbos Celestiales. Quizá hasta tenga alguna promoción para el pobre muertito. A mí me gusta pensar en todo y ayudar a los necesitados.

¡Pero, bueno, enfoque! Hoy es un buen día para creer, crear y crecer. Llegué lista para triunfar. La preparación es la clave para el éxito. Aquí traigo todos los documentos requeridos para iniciar desde hoy. "A mal tiempo, buena cara". ¡Ay, Fefa!, qué bien caen tus consejos ahora. Mi santa madrina, que en paz descanse. **(Se persigna.)** Anímese, si la muerte es parte de la vida. ¿Qué ironía, verdad? Mejor llore al vivo que aún tiene que batallar. "Si hay muertos que no hacen ruidos y sus penas son mayores"... Creo que ya nos toca...

(Transición.) ¿Cómo dice, que regresemos mañana?

Escena 10

Cafecito para el "ARMA"

(El agente se encuentra sentado en una mesa. Al rato entra Víctor, empleado del *call center.*)

(Sonríe. Se va poniendo serio y se aclara la garganta. De lejos lo mira. Le habla al agente y al café.)

Nada que ver, es café de la máquina, pero es bueno como quiera.

Mochaccino a 25 centavos. Fue la mejor idea que traje. Gracias a mi tía que la aprobó. En los trabajos hay que ser proactivos. Era esta propuesta de máquinas de café o masajes todos los lunes en la mañana. La máquina de café es más costoefectiva. Siempre hay que vigilar el presupuesto y eso lo controla bien mi tía.

(Se le acerca y le pone el café en la mesa, mientras el agente escribe.)

Víctor - Mire, aquí le traigo un cafecito. **(Voz baja.)** Sé que está investigando todo este tiempo.

(El investigador está leyendo un informe. Víctor se para detrás de él y empieza a leer por encima del hombro. El agente pasa la página y la regresa. Molesto, cierra el informe y se asombra. No se toma el café.)

Víctor - **(Se sienta a distancia y relata.)** Wow, en el año que yo llevo aquí, nunca había ocurrido algo tan horrible como esto. Pasan cosas, pero no son tan graves. Digo, el tipo era un desgraciado de primera, pero tampoco era para que le pasara eso.

Envenenado... Debe ser horrible. Y más aquí, en un *call center.* Todo el mundo se encuentra ocupado entre llamadas.

(Arrastra la silla hasta acercarse al agente para contarle el chisme.)

Sí, ¡envenenado!

Es lo que escuché. Por lo menos en las películas, cuando alguien aparece muerto de esa forma, es que lo envenenaron. ¿Verdad? ¿Tú sabes? A mí me enseñaron que uno no debe hablar mal de los muertos porque no pueden defenderse.

Le decíamos "Puente Roto"; nadie lo pasaba. Yo recuerdo cuando él llegó nuevo. Mi tía, que es gerencial aquí, me pidió que le enseñara las instalaciones y le presentara a todo el equipo de trabajo. ¡Y parecía un tipo buena gente! Siempre bien arreglado, bien vestido, muy observador.

(Se levanta de la silla y se prepara otro café. Luego camina cerca del agente.)

- Yo no soy el guardia de seguridad. Lo parezco, pero no lo soy. Mi puesto es uno de los más importantes en toda la compañía. Yo me gradué de contabilidad; mi tía me acomodó en el Departamento de Cuentas a Pagar, pero yo no sabía cuadrar bien los pagos. Lo admito, se perdieron muchos papeles.

A mí no me pueden botar porque mi tía es la encargada, así que ahora estoy en un puesto más selectivo y de difícil reclutamiento. Estoy a cargo de dar servicio a sordos en el *call center*.

(El agente lo observa con incredulidad.)

¡Sí, a sordos! Yo sé lenguaje de señas así que le hice una segunda propuesta a mi tía para que incluyera ese servicio. Es fácil, mire: "Buenos días", se hace de esta forma. **(Realiza las señas.)** "Hola", así. **(Ejecuta la seña.)**

Esa fue la segunda propuesta importante que hice para la compañía. Soy innovador. Lo que pasa es que no llama mucha gente y yo me aburro. Entonces me paso dando vueltas, hago mandados, usted sabe, llevando café a las oficinas... ¿Quiere azúcar regular o de dieta?

Regresando con el caso de **Ray** el muerto, su cargo aquí fue en el Departamento de Sistemas. Trabajaba con las computadoras. Acá entre nos, dicen que era un *hacker*. También dicen que... Era un agente federal... Siempre se pasaba en las entrevistas de empleados y tenía turnos bien extraños... Para mí, un total desgraciado. ¿Sabe lo que hizo? Fue de chismoso a donde los supervisores y nos tiró al medio. Les dijo que nosotros "nos pasábamos perdiendo el tiempo en el Facebook, YouTube y Netflix" y nos bloquearon las computadoras a todos. Ahí la cagó con todo el mundo.

Todo el mundo le tenía ganas y ¿sabes qué? Yo fui el único que le siguió hablando. Jennifer y yo. **(Hace una pausa y dice con voz quebrantada.)** Jennifer es mi exnovia.

Yo no lo culpo a él por ser hablador, por que yo también he tirado a par de personas al medio donde mi tía. Yo siempre velo por el bienestar del *call center*. Aquí se venden productos, se manejan tarjetas de crédito, se hacen encuestas y mil cosas confidenciales.

(Empieza a caminar por la sala de un lado a otro y se limpia la nariz, como aguantando las ganas de llorar.)

¿Y tú puedes creer que después de yo darle mi confianza y mi amistad, ese tipo le empezó a hablar mal de mí a mi ex y ella me dejó? Al principio, yo no sabía nada, ella simplemente me dejó de la noche a la mañana. Como al mes me empezaron a decir en el trabajo que ellos estaban saliendo. Cuando me dijeron eso, yo no lo creía o no lo quería creer; estaba en negación, ese tipo era mi amigo. Incluso, yo le llevaba café dos o tres veces al día porque me caía bien. A él le gustaba con dos de azúcar morena. Hablábamos de carros, mujeres, del cine, ya tú sabes, cosas de hombres. Hasta que un día me los encontré en el Viejo San Juan agarrados de manos, y cuando me vieron se soltaron.

(Inhala profundo y con la voz molesto.) ¡Ese tipo es un sucio! ¡Yo estoy seguro de que lo que le pasó, él se lo buscó! Y no culpo al que lo hizo, quizás tenía sus razones. El responsable sí se cegó por la traición o la ira y fue capaz de hacer algo fatal; tarde o temprano pasaría. A veces los planes toman tiempo en ejecutarlos y solo se le da a la víctima unas gotitas de venganza con lo más que le gusta... Dicen por ahí "el que la hace la paga". "En sus últimos momentos, las personas muestran su verdadera cara"... Eso lo dijo el Guasón en Batman.

(Regresa a la mesa del agente.)

- Mire, pruebe mi café... Recuerde que es mi mejor aportación a la compañía. **(Mueve el café.)** El cafecito es bueno con dos de azúcar porque sino sabe extraño.

(El agente toma el café. Víctor se retira.)

Escena 11

Villas - Hay crímenes que no se resuelven de la noche a la mañana. **(Al público.)**

Quiero decirles que todos ustedes, debajo de sus sillas, tienen un documento; es una cita para entrevistarlos mañana.

(Villas tiene calor. Se desabotona la camisa y se siente extraño.)

Ya que todos, en algún momento, somos culpables, inocentes, sospechosos o testigos...

(Villas cae en el centro del escenario, envenenado, producto del café.)

Sale todo el elenco.

Víctor - El café hace efecto con dos cucharadas de azúcar y unas cuantas gotitas de veneno...

Gonzalo - Otro Momentum Ferpecto.

(Poco a poco entra el elenco, sorprendido. Miran el cadáver... Se señalan los unos a los otros.)

(Villas se levanta y dice.)

Villas - Genial, genial... Mañana la víctima será Gonzalo.

Víctor - Entonces leemos mi libreto.

Conserje - Yo buscaré nuevos químicos para mejorar el crimen...

Gonzalo - Todos los demás escojan sus vestuarios para mañana.

Víctor - **(Señalando al público.)** ¿Qué hacemos con ellos?

Agente - Ellos siempre serán los testigos.

Apagón.

FIN

Autores

Rafael Pagán

Nace en Arecibo Puerto Rico, posee una M.A. Arts, es dramaturgo, director, supervisor de dramaturgia y museólogo puertorriqueño. Es uno de los directores y dramaturgos más prolíferos de la dramaturgia puertorriqueña comenzando su carrera en el 2007. Sus obras han sido presentadas en Micro Teatro Miami, México, Cuba, Francia, Fuerza Fest New York y teatros nacionales en Puerto Rico. Como dramaturgo, tomó talleres con Aristides Vargas y el grupo Malayerba en Ecuador. Ha publicado para revistas y programas de TV. Entre sus últimas publicaciones se encuentra: *El Bulevar* libro de micro obras y Moralito Mono ciclo enfocado en el teatro infantil. Actualmente es profesor de teatro y ofrece cursos de dramaturgia.

Josué Reinaldo Cardona Hernández

Se dedica a la representación de intereses, mediante la práctica de la abogacía. La dramaturgia para él representa una oportunidad liberadora en que su mente y sus sentidos, logran viajar y expresarse fuera de los parámetros cotidianos. A su vez, le permite conocerce más, a través de múltiples e inesperadas revelaciones. Participar del taller con el profesor Rafael Pagán, representó una oportunidad invaluable para quienes aman el arte y la creación, pero no tienen una formación teatral o artística. En pocas sesiones logró obtener el contenido y como práctica, la puesta en escena. Se siente feliz de haber participado de esta experiencia creativa y colaborativa. Les exhorta a que aprovechen al máximo esta intrigante e inspiradora obra.

Sonia Ilemar

Trabajadora Social Clínica, tallerista, maestra de libretas artesanales, improvisadora en los colectivos de improvisación teatral Impropulso y Heavy Angels. Como parte de su formación, estudió en la Liga Puertorriqueña de Improvisación Teatral, (LIPIT). Además, ha tomado cursos con los improvisadores internacionales Beto Urrea, Galo Balcázar, Gonzalo Rodolico y Omar Galván entre otros. Es autora del blog "Entre Letras y Café". Es coautora en el libro: *El libro que se escribió en 5 días y por facebook* de Jonathan Ocasio. Su primer libro, autogestionado, es un devocional titulado *7 Días,* cuya costura es artesanal. Presentó su primera colección de poesía titulada: Entre Letras y Café, también hecha a mano e ilustrada por Glenda Ayala. Para ella el taller de dramaturgia "Micro Cosmo de Ideas" fue una experiencia inigualable. Su amor por las letras es una aventura rodeada de historias cotidianas que merecen ser narradas, intepretadas y escuchadas por todos.

Carlos Gustavo Mera

Graduado del Departento de Drama de la Universidad de Puerto Rico. Se desempeña como Intérprete de Lenguaje de Señas y Español en escenarios educativos, culturales y religiosos. Al igual que los idiomas, tiene un profundo interés por la Improvisación Teatral, la Música y el Dibujo. Encontrar los talleres de dramaturgia de Rafael Pagán fue un gran descubrimiento. Él convirtió el espacio de creación en uno íntimo y de gran libertad. Provocó la imaginación desde el comienzo. Al terminar el curso, se realizó una presentación hilvanando cada uno de los monólogos. No dudaría en volver a tomar sus talleres. "Salud y Bendiciones a todos nuestros lectores".

Kary Ríos Santana

Dramaturga, poeta y directora de cortometrajes graduada de la Universidad de Puerto Rico - Arecibo; culminando sus estudios de bachillerato en Psicología Industrial Organizacional. Formó parte del grupo de Teatro Universitario "Histriones" por 5 años; donde entendió en ese transcurso, que su pasión eran las artes. Trabaja como Planificadora de Carerra y Manejadora de Caso y continúa su pasión de poeta, directora y guionista a tiempo completo. La dramaturgia es la oportunidad de crear un universo con posibilidades infinitas sin tener que salir de una habitación. Es un método para poder ampliar la mente, la creatividad y exponer situaciones que quizás antes no habían sido consideradas. En el ámbito profesional se complementa para ver las historias desde una perspectiva diferente. El taller de dramaturgia, ofrecido por Rafael Pagán, fue una excelente herramienta de crecimiento y conocimiento. Abarcando una amplia gama de temas, sus talleres han ayudado a poder pulir conscientemente las destrezas y generar nuevas habilidades.

Keila C. Arismendi

La Lcda. Keila C. Arismendi, es psicóloga, cuenta con 20 años en la práctica. Como parte de su desarrollo profesional, está certificada como Facilitadora de Dancing Mindfulness. Desde pequeña, y como parte de su legado familiar, ha estado inmersa en la poesía y la declamación. Su conexión con la dramaturgia, se presentó como "un flechazo textual", que le ha permitido armonizar la psicología y el arte; por lo cual la dramaturgia es su elemento vital, para construir historias, sanar y crear a través de la palabra. Su participación en Momentum Ferpecto, de la mano del maestro Rafael Pagán, ha sido una experiencia única, la cual atesora, ya que ha ensanchado su suelo creativo. "No solo se trabaja con las palabras, sino con conexiones. Y son las conexiones, lo que nutre nuestra humanidad".

Promoción oficial del taller

Promoción oficial de la
presentación en Abracadabra

Actores Nelson Javier Rivera Rodríguez y
Gabriel Colón Camacho
Monólogo "Maldito freelance"

Actores Gabriel Colón Camacho y Sonia Ilemar
Monólogo "La Fontana di Trevi"

Actores Carlos Gustavo Mera y Gabriel Colón Camacho
Monólogo "Sangre incrustada"

Actores Yannik J. Jordan y Keila C. Arismendi
Monólogo "El reloj se quedó sin arena"

Actriz Keila C. Arismendi
Monólogo "Vida, muerte y mantra"

Actor Scottie Durán
Monólogo "Cafecito
para el ARMA"

Parte del elenco:
Scottie Durán, Keila C. Arismendi, Yannik J. Jordan,
Carlos Gustavo Mera y Sonia Ilemar